Dominique Joly
Bruno Heitz

L'Histoire de France en BD

Vercingétorix
et les Gaulois

ROBERT
STAEHLING

CASTERMAN

casterman
87, quai Panhard-et-Levassor
75647 Paris cedex 13

© Casterman 2013
www.casterman.com

ISBN 978-2-203-06483-6
N° d'édition : L.10EJDN001160. N001
Dépôt légal : mars 2013
D. 2013/0053/202

Déposé au ministère de la Justice, Paris
(loi n°49.956 du 16 juillet 1949 sur les publications destinées à la jeunesse).

Achevé d'imprimer en février 2013, en France.L63741.

PENDANT LONGTEMPS, LES SEULS TÉMOIGNAGES DONT NOUS AVONS DISPOSÉ POUR CONNAÎTRE VERCINGÉTORIX PROVIENNENT DES ROMAINS, ET SURTOUT DE JULES CÉSAR. AUJOURD'HUI, NOUS CONNAISSONS BEAUCOUP MIEUX LE PERSONNAGE ET SON ÉPOQUE GRÂCE AUX DÉCOUVERTES ARCHÉOLOGIQUES.

Tu as vu cette pièce? Ce ne serait pas...

VERCINGÉTORIX! Son nom est gravé dessus!

IL SEMBLE QUE VERCINGÉTORIX SOIT NÉ VERS 72 AV. J.-C. EN PAYS ARVERNE (L'AUVERGNE D'AUJOURD'HUI), À CORENT, PRÈS DE L'ACTUELLE CLERMONT-FERRAND.

Comment allons-nous l'appeler?

IL SERAIT LE FILS DE CELTILL, UN CHEF ARVERNE APPARTENANT À LA NOBLESSE GUERRIÈRE. LES DRUIDES ASSURENT SON ÉDUCATION.

Honorez les dieux, ne faites pas de mal, agissez avec bravoure, mes enfants...

ALORS QUE VERCINGÉTORIX EST ENCORE ENFANT, SON PÈRE EST ARRÊTÉ PUIS MIS À MORT PAR LES NOBLES ARVERNES POUR AVOIR TENTÉ DE DEVENIR LEUR ROI.

Je vous le dis! Les Romains nous menacent. Il nous faut un roi si nous voulons résister.

Nous t'arrêtons, Celtill!

Nous nous opposons à ta volonté de nous dominer au nom du peuple arverne!

LES ARVERNES SONT UN PEUPLE PUISSANT. ILS DOMINENT LE CENTRE DE LA FRANCE ACTUELLE. D'AUTRES PEUPLES CELTES SONT INSTALLÉS EN EUROPE, DEPUIS LE DANUBE JUSQU'AUX ÎLES BRITANNIQUES.

LES CELTES NE FORMENT PAS UN ÉTAT, MAIS ILS ONT EN COMMUN UNE LANGUE, UNE RELIGION ET DES MODES DE VIE PROCHES. ILS MAÎTRISENT L'USAGE D'UN MÉTAL NOUVEAU : LE FER.

Hum, fameux le son de ton fer !

LE NOM DE LA GAULE VIENT DES ROMAINS ET DÉSIGNE LA PARTIE DE TERRITOIRE OCCUPÉE PAR LES CELTES ENTRE LE RHIN, LES ALPES ET LES PYRÉNÉES.

Nous appelons votre pays « Gallia » (Gaule) et vous êtes des « Galli » (Gaulois).

Ah bon ?

LÀ VIVENT 10 MILLIONS D'HABITANTS, LES GAULOIS, RÉPARTIS EN UNE CENTAINE DE PEUPLES COMPOSÉS DE TRIBUS PARFOIS ALLIÉES, PARFOIS ENNEMIES.

CELTES — CELTES DE GAULE — PEUPLES DE GAULE — TRIBUS

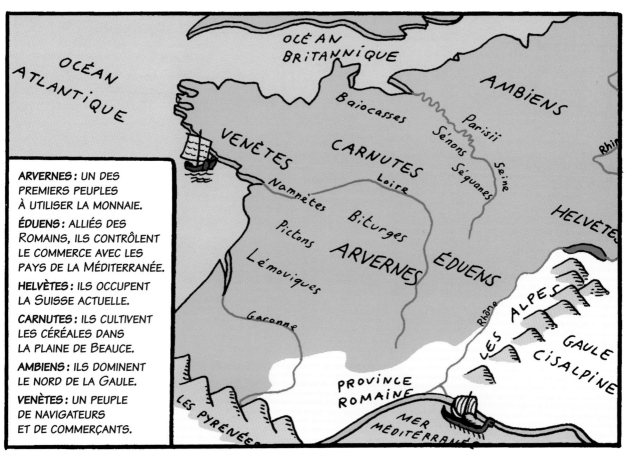

ARVERNES : UN DES PREMIERS PEUPLES À UTILISER LA MONNAIE.

ÉDUENS : ALLIÉS DES ROMAINS, ILS CONTRÔLENT LE COMMERCE AVEC LES PAYS DE LA MÉDITERRANÉE.

HELVÈTES : ILS OCCUPENT LA SUISSE ACTUELLE.

CARNUTES : ILS CULTIVENT LES CÉRÉALES DANS LA PLAINE DE BEAUCE.

AMBIENS : ILS DOMINENT LE NORD DE LA GAULE.

VENÈTES : UN PEUPLE DE NAVIGATEURS ET DE COMMERÇANTS.

LA SOCIÉTÉ GAULOISE EST COMPLEXE. ELLE EST D'ABORD DIVISÉE EN DEUX CATÉGORIES : LES HOMMES LIBRES ET LES ESCLAVES.

LES ESCLAVES EXISTENT COMME ALORS CHEZ LES GRECS OU LES ROMAINS. MAIS ILS SONT MOINS NOMBREUX CAR LA PLUPART SONT DES PRISONNIERS DE GUERRE. OR, IL EST RARE QU'ILS AIENT LA VIE SAUVE !

Je te laisse en vie mais tu seras esclave.

Oui oui.

CES ESCLAVES SERVENT LEUR MAÎTRE, À TABLE COMME À LA GUERRE. ILS PEUVENT ÊTRE VENDUS COMME DES MARCHANDISES.

Mon esclave contre une mesure de ton vin, ça te va ?

LES HOMMES LIBRES SONT RÉPARTIS EN TROIS GROUPES : LES DRUIDES, LES NOBLES ET LE PEUPLE.

Les druides : d'origine noble, ils ont une grande influence politique.

Les grandes familles nobles : issues de guerriers illustres, elles forment la classe dirigeante.

Les nobles : avant tout des guerriers qui doivent être capables d'entretenir un cheval et servir comme cavaliers. Ils sont propriétaires de terres.

Le peuple : paysans, artisans placés pour la plupart sous la protection d'un noble.

POUR ATTIRER À EUX LE PLUS GRAND NOMBRE DE FIDÈLES, LES NOBLES ORGANISENT DE GRANDS BANQUETS. ILS SONT JOYEUX, SOUVENT TUMULTUEUX ET TOUJOURS BIEN ARROSÉS !

LES DRUIDES SONT DES PERSONNAGES QUE TOUS LES GAULOIS RESPECTENT. ISSUS DE LA NOBLESSE, ILS FORMENT DES COMMUNAUTÉS FERMÉES ET GARDENT SECRÈTES LEURS CONNAISSANCES.

Voici notre nouveau druide.

C'est quoi, un druide ?

Un homme très savant, celui qui sait.

ILS SONT FORMÉS PENDANT PLUS DE VINGT ANS AUX SCIENCES DE LA NATURE, À L'ASTRONOMIE ET AU CALCUL. ILS NE TRANSMETTENT QU'ORALEMENT CE QU'ILS SAVENT.

Il est temps que je fixe le calendrier de l'an prochain.

CHAQUE ANNÉE AU PRINTEMPS, LES DRUIDES DE GAULE TIENNENT UNE RÉUNION SOLENNELLE DANS LA FORÊT DES CARNUTES*.

ILS FONT L'ÉDUCATION DES JEUNES NOBLES ET DE CEUX QUI LEUR SUCCÈDENT. ILS ARBITRENT LES CONFLITS ET LEURS JUGEMENTS SONT ACCEPTÉS PAR TOUS.

Mon frère m'a pris mon héritage.

On m'a volé un mouton !

Mon voisin a construit une maison sur ma terre !

LES DRUIDES CROIENT EN L'IMMORTALITÉ DE L'ÂME. LE GUI, QUI FLEURIT EN HIVER ALORS QUE LA VIE SEMBLE AVOIR DISPARU, SYMBOLISE CETTE IDÉE. SA CUEILLETTE SUR LES CHÊNES ROUVRES DONNE LIEU À DES CÉRÉMONIES QU'ILS PRÉSIDENT. ON Y SACRIFIE DES BŒUFS AVANT DE TENIR UN GRAND FESTIN.

*Forêt des Carnutes : on suppose qu'elle s'étendait près de la ville actuelle de Chartres.

LA RELIGION DES GAULOIS EST MAL CONNUE CAR IL N'EXISTE AUCUN ÉCRIT. IL NOUS RESTE LES TROUVAILLES ARCHÉOLOGIQUES : DES TOMBES CONTENANT DES BIJOUX, DES ARMES, DES STATUES...

Ça alors ! Une épée !

SELON LES ÉPOQUES, LES RÉGIONS ET LE STATUT SOCIAL DU DÉFUNT, LES GAULOIS ENTERRENT LEURS MORTS DANS DES TOMBES REMPLIES D'OBJETS.

ILS VÉNÈRENT UN GRAND NOMBRE DE DIVINITÉS ET PENSENT QU'ELLES SE TROUVENT PARTOUT DANS LA NATURE : ROCHERS, TRONCS D'ARBRES, SOURCES, RIVIÈRES...

AUX SOURCES DE LA SEINE RÈGNE LA DÉESSE SÉQUANA QUI EST CENSÉE PROTÉGER LES GAULOIS ET LES GUÉRIR. ILS LUI OFFRENT DES STATUES QU'ILS PLANTENT SUR LES BERGES. ON EN A RETROUVÉ PLUS DE DEUX MILLE !

LEURS DIEUX PRINCIPAUX SONT LUG, LE PLUS PUISSANT, TARANIS, MAÎTRE DU CIEL ET DU TONNERRE, CERNUNNOS, ASSOCIÉ À LA FERTILITÉ, ÉPONA, LA DÉESSE À CHEVAL, ET BIEN SÛR TOUTATIS, LE DIEU DE LA GUERRE.

Lug — Taranis — Cernunnos — Épona — Toutatis

CES DIVINITÉS SONT HONORÉES DANS DES SANCTUAIRES. ENTOURÉS D'UNE PALISSADE OU D'UN TALUS, ILS COMPRENNENT UNE FOSSE OU SONT SACRIFIÉS LES ANIMAUX. LORS DES FÊTES RELIGIEUSES PRÉSIDÉES PAR LES PRÊTRES SE TIENNENT DE GRANDS FESTINS OÙ L'ON BOIT BEAUCOUP DE VIN.

TROIS CENTS ANS AVANT NOTRE ÈRE, LA GAULE EST PROSPÈRE ET SES HABITANTS TRÈS INVENTIFS POUR EXPLOITER TOUTES SES RICHESSES.

C'est vrai qu'on habite un beau pays.

CONTRAIREMENT À UNE IDÉE REÇUE, LA GAULE N'EST PAS UN TERRITOIRE SAUVAGE COUVERT DE FORÊTS. ELLE COMPTE MOINS DE BOIS QUE LA FRANCE D'AUJOURD'HUI.

Ce soir, on aura défriché un bon morceau de forêt !

LES GAULOIS DÉFRICHENT LA TERRE ET DEVIENNENT DE BONS AGRICULTEURS. UN VASTE RÉSEAU DE FERMES PARSÈME LE PAYS.

SELON LE CLIMAT, LES PAYSANS CULTIVENT LES POIS, LES LENTILLES, LES FÈVES, LES PLANTES MÉDICINALES. LES CÉRÉALES SONT LES CULTURES REINES.

Ton blé va être beau !

Je t'en donnerai quelques mesures contre ton avoine.

ON ÉLÈVE DES VACHES, DES CHÈVRES ET DES BREBIS POUR LE LAIT, DES MOUTONS POUR LA LAINE. BŒUFS ET CHEVAUX SERVENT AUX TRAVAUX AGRICOLES. ILS FOURNISSENT LEUR CHAIR, COMME LES PORCS ET LES VOLAILLES.

Petits, petits !

LES PAYSANS DISPOSENT DE NOMBREUX OUTILS : HACHE, FAUX, PIOCHE, ARAIRE MUNIE D'UN SOC, FORCE POUR TONDRE LES MOUTONS.

ON SAIT QUE LES GAULOIS ONT MULTIPLIÉ LES INNOVATIONS AGRICOLES : LA TECHNIQUE DES LABOURS CROISÉS, LA FUMURE*, LE MARNAGE*. ILS ONT MÊME INVENTÉ LA MOISSONNEUSE POUR COUPER ET RAMASSER LES ÉPIS !

Quelle machine! On n'arrête pas le progrès !

* Fumure : ajout de fumier comme engrais. Marnage : ajout de chaux sur les sols trop humides.

SUR LES CÔTES DE LA MANCHE ET DE L'ATLANTIQUE, ON RECUEILLE LE SEL, UNE DENRÉE INDISPENSABLE POUR CONSERVER LES ALIMENTS ET TANNER LES PEAUX.

LE SOUS-SOL RECÈLE AUSSI SES TRÉSORS : DE L'OR DANS LES MINES ET LES RIVIÈRES, EXPLOITÉ DANS DES GALERIES SOUTERRAINES OU À CIEL OUVERT. ON L'UTILISE POUR FABRIQUER DES BIJOUX ET DES PIÈCES DE MONNAIE.

Viens voir Litavic! Je tiens un sacré filon!

LE MINERAI DE FER EST PARTOUT ET PEUT SE RAMASSER À MÊME LE SOL. LES GAULOIS MAÎTRISENT CE MÉTAL RÉSISTANT QUI LES REND REDOUTABLES !

Nous les Celtes, nous vaincrons car nous sommes...

LES ROIS DU FER!

① Le minerai est chauffé dans un four en terre rempli de charbon de bois. À 1300 °C, il fond.

② Le four est cassé. On y recueille la loupe de fer.

③ La loupe est transformée en lingots.

④ Le forgeron le chauffe à nouveau et le bat pour lui donner une forme.

LES ARTISANS SPÉCIALISÉS DANS LE TRAVAIL DES MÉTAUX SONT TRÈS RESPECTÉS. MAIS BEAUCOUP D'AUTRES DÉTIENNENT UN SAVOIR-FAIRE REMARQUABLE EN TRAVAILLANT LE BOIS, LE CUIR, LA LAINE, L'OSIER OU L'ARGILE.

Tu fais là un beau char, Bellatos!

Je te l'achèterais bien pour aller vendre mes tonneaux.

Et moi mes poteries!

Et moi mes peaux!

AU CŒUR DU TERRITOIRE DE CHAQUE PEUPLE SE TROUVE UN OPPIDUM* QUI SERT DE LIEU DE RASSEMBLEMENT COMMERCIAL ET DE REFUGE POUR LES PAYSANS EN CAS DE DANGER

L'OPPIDUM EST PLUS OU MOINS VASTE, ENTOURÉ D'UN REMPART INFRANCHISSABLE FAIT DE PIERRES MONTÉES SUR UNE ARMATURE DE POUTRES ENTRECROISÉES.

À L'INTÉRIEUR, QUEL BRUIT, QUELLE AGITATION SUR LES PLACES !

Bonjour ! Je vous apporte du vin d'Italie, je repars avec quoi ?

Si tu veux de mes tissus, Romain, fais-moi goûter ton vin !

Pousse ton char, je dois livrer mon grain !

De l'or, cette monnaie ? Tu parles !

Combien cette fibule ?

Pour ta belle, vois plutôt ce torque !

SUR LES ROUTES ET LES FLEUVES VOYAGENT L'ÉTAIN BRITANNIQUE, LE VIN D'ITALIE ET LES PRODUITS GAULOIS APPRÉCIÉS À ROME : BLÉ, MIEL, CHARCUTERIES, PEAUX...

* Oppidum : mot latin qui désigne un bourg ou village fortifié.

LES MAISONS GAULOISES SONT SOLIDES ET BIEN ISOLÉES GRÂCE AU SAVOIR-FAIRE DES CHARPENTIERS. EN BOIS OU EN TERRE, IL N'EN RESTE RIEN, HORMIS QUELQUES TROUS DANS LE SOL.

!

Le toit, couvert de chaume ou de roseaux, repose sur des poteaux.

Les murs, faits de branchages entrecroisés, sont recouverts de torchis, un mélange de terre, d'eau et de paille.

ENTRONS DANS LA MAISON D'ESUNOS. IL Y FAIT SOMBRE ET ELLE N'A QU'UNE PIÈCE. PAS DE FENÊTRE, NI DE CHEMINÉE. LE FOYER SERT À CHAUFFER ET À CUISINER.

Qu'est-ce qu'on mange?

LE MOBILIER EST EN BOIS. DES POTS EN TERRE, DES JARRES SEMI-ENTERRÉES ET DES TONNEAUX CONTIENNENT LES ALIMENTS.

Des lentilles.

Encore!

Humm, elles sentent bon, tes lentilles!

Aujourd'hui, c'est du ragoût de porc aux lentilles.

La cervoise est la boisson préférée des Gaulois, c'est une bière blonde et amère.

L'eau est stockée dans une outre. Elle vient du puits tout proche.

Grâce à sa mie légère, le pain est meilleur que les galettes sèches de la Méditerranée car la pâte contient de la levure.

Le porc fournit l'essentiel de la viande et permet de faire de la charcuterie.

Les produits laitiers sont la base de l'alimentation. Le fromage frais avec du miel, quel régal!

Le vin d'Italie est réservé aux grandes occasions.

Une meule permet de moudre le grain.

LES GAULOIS ONT UNE PASSION POUR LES VÊTEMENTS. ILS SONT SI PRATIQUES ET CONFORTABLES QUE LES ROMAINS LES ONT ADOPTÉS POUR LEURS SOLDATS.

Dis-donc, Romain, tu copies la mode de chez nous?

POUR OBTENIR LEURS VÊTEMENTS COLORÉS, ILS ONT LES TEINTURIERS QUI SE SERVENT DES PLANTES (PASTEL, ÉCORCES, MYRTILLES) ET LES TISSERANDS.

Quel bleu! Tu es un magicien!

Oh, c'est juste de la myrtille!

LE PANTALON (OU BRAIES), LA CHEMISE À MANCHES AJUSTÉE À L'AIDE DE LACETS, LA CAPUCHE SONT DES INVENTIONS GAULOISES.

Chemise à manches longues ajustée avec des lacets.

Sayon ou saie, une pièce de tissu carrée attachée à l'épaule par une fibule.

Bijoux: colliers, bracelets.

Ceinture en cuir ou en tissu.

Braies à rayures ou à carreaux, le bas resserré par des lacets.

Robe ample.

Chaussures fermées par des lanières.

Chaussures en cuir: les galoches.

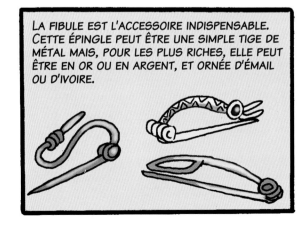

LA FIBULE EST L'ACCESSOIRE INDISPENSABLE. CETTE ÉPINGLE PEUT ÊTRE UNE SIMPLE TIGE DE MÉTAL MAIS, POUR LES PLUS RICHES, ELLE PEUT ÊTRE EN OR OU EN ARGENT, ET ORNÉE D'ÉMAIL OU D'IVOIRE.

HOMMES ET FEMMES PORTENT DES BIJOUX: BRACELETS, BAGUES EN OR, ARGENT OU BRONZE. LE TORQUE EST UN COLLIER RIGIDE QU'ON ÉCARTE POUR LE GLISSER AUTOUR DU COU.

LA RICHESSE DE LA GAULE ATTISE LA CONVOITISE DE SES VOISINS, ROME EN PARTICULIER QUI, AU IER SIÈCLE AV. J.-C., DOMINE TOUT LE BASSIN MÉDITERRANÉEN.

EN 124 AV. J.-C., LORSQUE LES GRECS QUI ONT FONDÉ MARSEILLE SONT MENACÉS PAR LES GAULOIS, ILS APPELLENT LES ROMAINS AU SECOURS.

À l'aide!

EN 118 AV. J.-C., LES LÉGIONS CONQUIÈRENT UN VASTE TERRITOIRE QUI PREND LE NOM DE « PROVINCIA ROMANA » ET PERMET AUX ROMAINS DE CONTRÔLER LA ROUTE RELIANT L'ITALIE À L'ESPAGNE.

DES VILLES SONT FONDÉES, COMME AIX ET NARBONNE QUI DEVIENT LA CAPITALE DE LA PROVINCE. LÀ, LES MAISONS SONT EN PIERRE ET LES HOMMES PORTENT LA TUNIQUE ROMAINE.

LA PROVINCIA ROMANA CONSTITUE UNE EXCELLENTE BASE DE DÉPART POUR LES ARMÉES ROMAINES AFIN DE CONQUÉRIR LA GAULE CELTIQUE.

À CETTE ÉPOQUE, GAULOIS ET ROMAINS NE SONT PLUS DES ÉTRANGERS LES UNS POUR LES AUTRES.

GAULE CELTIQUE

ALPES

PROVINCE ROMAINE

PYRÉNÉES

NEMAUSUS (Nîmes)

NARBO (Narbonne)

MASSILIA (Marseille)

MER MÉDITERRANÉE

CERTES, LES ROMAINS CRAIGNENT LES GAULOIS. ILS ONT EN MÉMOIRE L'INVASION GAULOISE ET LE PILLAGE DE ROME EN 390 AV. J.-C.

Au secours! Les Gaulois!

MAIS AVEC LE TEMPS, LES RAPPORTS SE SONT PACIFIÉS. LES MARCHANDS ROMAINS SILLONNENT LA GAULE, LE COMMERCE EST FLORISSANT.

Jambons, saucissons... ma charcuterie gauloise va faire des heureux à Rome!

CERTAINS PEUPLES DONT LES TERRITOIRES SONT TRAVERSÉS PAR LES GRANDS AXES PROFITENT DE CES ÉCHANGES. C'EST LE CAS DES ÉDUENS ET DE LEUR CAPITALE, BIBRACTE

Bibracte est encore loin?

Non : deux leugas*. Que transportes -tu, Romain?

LES ÉDUENS UTILISENT UNE MONNAIE COPIÉE SUR CELLE DES ROMAINS.

De la charcuterie.

Je t'en achèterais bien. Vois ma monnaie : elle a la même valeur que les deniers romains.

ILS SIGNENT MÊME DES CONTRATS AVEC LES DIRIGEANTS ROMAINS.

Et voilà! Vous êtes maintenant frères de sang et alliés du peuple romain.

AU SEIN DES AUTRES PEUPLES, LES CHEFS SONT DIVISÉS.

Les Éduens sont des vendus!

Tu n'as rien compris : moi aussi, je suis pour les Romains.

DE FORTES LUTTES D'INFLUENCE OPPOSENT ENTRE EUX LES PEUPLES GAULOIS. LES PLUS PUISSANTS CHERCHENT À AUGMENTER LE NOMBRE DE LEURS ALLIÉS. CES RIVALITÉS FERONT LE JEU DE L'ENVAHISSEUR LE MOMENT VENU.

Traître!

Triple buse!

Tu es mon ennemi ou mon allié?

* Leuga : unité de distance des Gaulois qui vaut 2,2 km.

À ROME, L'HOMME DE LA SITUATION EST JULES CÉSAR. ISSU D'UNE TRÈS ANCIENNE FAMILLE, IL GRAVIT UN PAR UN LES ÉCHELONS DE LA CARRIÈRE POLITIQUE ET SES COUPS D'ÉCLAT MILITAIRES LUI APPORTENT LA GLOIRE ET LA RENOMMÉE.

Ce César ira loin...

EN 60 AV. J.-C. IL EST ÉLU CONSUL POUR UN AN. À LA FIN DE SON MANDAT, LE SÉNAT LUI ATTRIBUE DES TERRITOIRES QU'IL GOUVERNERA AU NOM DE ROME. PARMI EUX, LA GAULE.

Si je conquiers la Gaule, j'aurai gloire et richesse... et alors, à moi le pouvoir à Rome!

JULES CÉSAR A UNE FORTE AMBITION, UN GRAND TALENT MILITAIRE ET UNE CAPACITÉ EXCEPTIONNELLE À PROFITER DES OCCASIONS QUI SE PRÉSENTENT.

EN 58, LES GAULOIS FOURNISSENT EUX-MÊMES LE PRÉTEXTE QUI VA POUSSER JULES CÉSAR À ENTRER EN GAULE. MENÉS PAR LEUR DRUIDE DIVICIACOS, LES ÉDUENS, ALLIÉS DE ROME, LE PRESSENT D'INTERVENIR.

Les Helvètes nous menacent, ô César, aide-nous à les repousser!

Hé hé!

D'AUTRE PART, CERTAINS PEUPLES DU NORD DE LA GAULE CRAIGNENT L'INVASION DES GERMAINS, UN PEUPLE BARBARE CONDUIT PAR SON CHEF, NOMMÉ ARIOVISTE.

À nous le nord de la Gaule!

JULES CÉSAR PÉNÈTRE EN GAULE À LA TÊTE D'UNE ARMÉE DE 40 000 SOLDATS PROFESSIONNELS : LES LÉGIONNAIRES.

Les Germains vont voir de quel bois je me chauffe...

Quant aux Gaulois...

LES CENTURIONS COMMANDENT CHACUN CENT HOMMES. ILS SONT PLACÉS SOUS L'AUTORITÉ DES OFFICIERS SUPÉRIEURS, OU LÉGATS, QUI SONT SOUS LES ORDRES DIRECTS DE CÉSAR.

... XCVIII, XCIX, C...

JULES CÉSAR PEUT AUSSI COMPTER SUR DES CONTINGENTS GAULOIS FOURNIS PAR LES PEUPLES ALLIÉS DE ROME : ÉDUENS, BITURIGES, CARNUTES, ARVERNES...

PARMI CES DERNIERS FIGURE UN CERTAIN VERCINGÉTORIX.

PROBABLEMENT CHEF DES CAVALIERS ARVERNES, IL EST FORMÉ AUX MÉTHODES DE GUERRE DES ROMAINS EN ÉCHANGE DE SA COOPÉRATION ET DE SA CONNAISSANCE DE LA GAULE.

Suivez-moi, Romains, je vous dirai tout sur la Gaule.

* XCVIII, XCIX, C : 98, 99, 100 en chiffres romains.

DU CÔTÉ DES GAULOIS, C'EST LA PAGAILLE ! PAS D'ARMÉE RÉGULIÈRE, PAS DE TROUPES ORGANISÉES ET PAS DE CHEF COMMUN. MAIS DE REDOUTABLES GUERRIERS SE JETANT À CORPS PERDU DANS LES BATAILLES.

PENDANT SIX ANS, CÉSAR VA DE VICTOIRE EN VICTOIRE.

Tu as gagné, ô César: les Helvètes sont rentrés chez eux.

Ainsi que les Germains !

Ceux-là, je ne veux plus les voir passer le Rhin sans l'autorisation de Rome! Qu'on se la dise!

SUR SA LANCÉE, CÉSAR OCCUPE LE NORD DE LA GAULE EN -57.

PUIS IL S'ATTAQUE AUX VÉNÈTES ET MET EN PIÈCES LEUR FLOTTE DANS LE GOLFE DU MORBIHAN.

Leurs bateaux sont robustes mais nous allons les anéantir !

ENSUITE, IL OCCUPE L'AQUITAINE. LES TROUPES ROMAINES DÉBARQUENT MÊME EN GRANDE-BRETAGNE.

Hé hé, la Gaule me semble conquise.

César, un messager de Rome.

Hum... les nouvelles de Rome ne sont pas bonnes.

Je rentre à Rome, la politique m'appelle.

MAIS PENDANT L'ABSENCE DE CÉSAR, LA RÉVOLTE COUVE. EN 53 AV. J.-C. LES DRUIDES SE RÉUNISSENT AVEC PLUSIEURS CHEFS GAULOIS DANS LA FORÊT DES CARNUTES ET JURENT DE S'INSURGER CONTRE L'OCCUPANT ROMAIN.

Nous, les Carnutes, faisons le serment de nous soulever.

LE SIGNAL DE LA RÉVOLTE EST DONNÉ PAR LE MASSACRE D'UN DIGNITAIRE ET DE MARCHANDS ROMAINS INSTALLÉS À CENABUM (ORLÉANS).

Mort aux Romains !

C'EST ALORS QUE VERCINGÉTORIX ENTRE EN SCÈNE. IL EST ÂGÉ DE VINGT ANS. À GERGOVIE, IL TENTE DE CONVAINCRE LES NOBLES ARVERNES DE REPOUSSER LES ROMAINS, MAIS IL EST CHASSÉ DE LA VILLE.

Les Romains sont là! Et nous les Arvernes, qu'attendons-nous ?

Qu'est-ce qu'il lui prend, à ce Vercingétorix? Qu'il s'en aille!

VERCINGÉTORIX BAT LA CAMPAGNE POUR REGROUPER DES PARTISANS. IL REVIENT EN FORCE À GERGOVIE ET MOBILISE LE PEUPLE. IL EST BIENTÔT PROCLAMÉ CHEF DES ARVERNES.

Vive Vercingétorix !

Vive notre chef !

PENDANT CE TEMPS, PLUSIEURS ARMÉES GAULOISES ALLIÉES DE ROME SE RANGENT SOUS LA BANNIÈRE DU CHEF ARVERNE.

Vercingétorix a raison! Rallions-nous à lui!

LE JEUNE CHEF GAULOIS S'IMPOSE PAR SES TALENTS MILITAIRES. IL EXIGE UNE GRANDE DISCIPLINE ET COMMANDE SES HOMMES AVEC UNE EXTRÊME SÉVÉRITÉ, N'HÉSITANT PAS À MUTILER POUR L'EXEMPLE UN SOLDAT DÉSOBÉISSANT.

Tu ignores mes ordres! Pour te punir, je te coupe l'oreille!

VERCINGÉTORIX ORGANISE LA RÉSISTANCE ET MÈNE UNE GUERRE DE HARCÈLEMENT. IL TEND DES EMBUSCADES ET ÉPUISE L'ENNEMI PAR DES COURSES POURSUITES.

On va les faire cavaler!

J'ai l'impression qu'on nous observe...

SURTOUT, IL PRIVE LES ROMAINS DE RAVITAILLEMENT PAR LA TECHNIQUE DE LA « TERRE BRÛLÉE ».

Brûlez tout! Villages, récoltes, rien ne doit servir à l'ennemi! Brûlez tout!

CONTRE L'ENNEMI, IL FÉDÈRE LE PLUS GRAND NOMBRE DE PEUPLES POSSIBLE EN ENVOYANT PARTOUT DES ÉMISSAIRES.

Tu vas convaincre qui, toi?

Les Bituriges: des coriaces!

L'INSURRECTION OBLIGE CÉSAR À REVENIR. IL FRANCHIT LES CÉVENNES EN PLEIN HIVER DE L'AN 52 AV. J.-C.

Je vais les frapper tous!

Ils vont voir de quoi je suis capable!

CÉSAR PRÉPARE SA RIPOSTE. IL RASSEMBLE SES TROUPES ET SIGNE DES ALLIANCES AVEC LES PEUPLES ENCORE HOSTILES À VERCINGÉTORIX.

Restez à nos côtés : cette révolte n'est qu'un feu de paille !

IL S'EMPARE DE CENABUM (ORLÉANS) QU'IL PILLE ET INCENDIE. LES PRISONNIERS SONT VENDUS COMME ESCLAVES AUX MARCHANDS ROMAINS.

Ça ne vaut pas grand-chose mais je lui ferai payer ce qu'il a fait à mon cousin Caius !

PUIS CÉSAR ASSIÈGE AVARICUM (BOURGES), LA PLUS BELLE VILLE DE GAULE. IL DÉPLOIE SES TALENTS DE STRATÈGE ET UTILISE TOUTE LA FORCE DE L'ARMÉE ROMAINE AVEC SES TOURS D'ASSAUT, BÉLIERS, CATAPULTES... À PROXIMITÉ, IL INSTALLE UN VASTE CAMP RETRANCHÉ POUR SES LÉGIONS QUI LANCENT SANS ARRÊT DES ATTAQUES.

LORSQU'AVARICUM TOMBE, LA RÉPRESSION EST TERRIBLE.

Avaricum n'existe plus !

Fini ! Rayé de la carte !

C'EST UN REVERS POUR VERCINGÉTORIX MAIS SON PRESTIGE N'EST PAS ENTAMÉ. CAR SA STRATÉGIE COMMENCE À PAYER : LES LÉGIONNAIRES SONT ÉPUISÉS !

Quand donc finira cette guerre ?

J'ai faim.

AU PRINTEMPS DE L'AN 52 AV. J.-C., CONSCIENT QUE LA RÉBELLION PROGRESSE, CÉSAR MARCHE SUR GERGOVIE*.

Je vais frapper le cœur de la rébellion! À Gergovie! Suivons l'Allier.

POUR RETARDER LA PROGRESSION DES ROMAINS, VERCINGÉTORIX FAIT DÉTRUIRE LES PONTS SUR L'ALLIER...

!!!

Ça va! Ils ne passeront pas!

... PUIS IL S'ENFERME DANS L'OPPIDUM DE GERGOVIE. AVANT DE DONNER L'ASSAUT, CÉSAR CERNE LA PLACE FORTE DE DEUX CAMPS RELIÉS PAR UN DOUBLE FOSSÉ PERMETTANT À SES TROUPES DE CIRCULER À L'ABRI DES ARMES ENNEMIES..

Plus vite!

Il va falloir en creuser un deuxième!

MAIS LES ROMAINS APPRENNENT LA DÉFECTION DES ÉDUENS ET DE LEURS 10 000 CAVALIERS. CÉSAR RISQUE D'ÊTRE PRIS À REVERS! IL DÉCIDE DE QUITTER GERGOVIE.

Les Éduens sont passés à l'ennemi!

Nous sommes trahis!

POUR FAIRE DIVERSION, IL FAIT PASSER SES TROUPES D'UN CAMP À L'AUTRE PAR LE DOUBLE FOSSÉ POUR LES ENVOYER À L'ASSAUT.

* Gergovie : probablement près de l'actuelle Clermont-Ferrand, mais le site exact n'a pas été retrouvé.

MAIS LES GAULOIS CONTIENNENT L'ATTAQUE ! CÉSAR DOIT ORDONNER AUX LÉGIONNAIRES DE BATTRE EN RETRAITE.

Retirez-vous !

LA DÉFAITE ROMAINE EST CINGLANTE. CÉSAR A ÉTÉ TRAHI PAR LES ÉDUENS. IL NE PEUT PLUS COMPTER SUR EUX.

Levons le siège !

VERCINGÉTORIX SAVOURE SA VICTOIRE. CHAQUE JOUR, DE NOUVEAUX PEUPLES SE RALLIENT À LUI.

On est avec toi, Vercingétorix !

Je suis en train de réussir. De plus en plus de Gaulois se rangent à mes côtés.

LES ÉDUENS METTENT LE FEU AU GRAND DÉPÔT DE VIVRES DE NEVERS AVANT D'ATTAQUER LA PROVINCIA.

À nous la Province !

VERCINGÉTORIX CONVOQUE UNE ASSEMBLÉE DE CHEFS À BIBRACTE, CAPITALE DES ÉDUENS. IL SE FAIT ACCLAMER À LA TÊTE DE LA COALITION GAULOISE. POUR LA PREMIÈRE FOIS DE SON HISTOIRE, UNE GRANDE PARTIE DE LA GAULE EST UNIFIÉE.

Hourra ! Vive Vercingétorix !

Vive notre chef suprême !

Vercingétorix ! Vercingétorix !

À LA SUITE DE SON ÉCHEC DEVANT GERGOVIE, JULES CÉSAR DÉCIDE DURANT L'ÉTÉ DE 52 AV. J.-C. DE SE REPLIER VERS LA PROVINCIA.

Allez, on lève le camp!

POUR SÉCURISER LA RETRAITE DE SON ARMÉE, IL RENFORCE CELLE-CI PAR DES CAVALIERS GERMAINS.

Nous prendrons des routes sûres mais il faudra ouvrir l'œil!

À LA TÊTE DES GAULOIS COALISÉS, VERCINGÉTORIX CROIT EN SA SUPÉRIORITÉ. IL DÉCIDE D'INTERCEPTER L'ARMÉE ROMAINE.

Les bouter hors de Gaule...

...et les anéantir, voilà ce que je veux!

IL ABANDONNE LA STRATÉGIE DE LA TERRE BRÛLÉE. EN AOÛT, EN BOURGOGNE, SES CAVALIERS ATTAQUENT LES COLONNES ROMAINES.

MAIS SUR L'ORDRE DE CÉSAR, LES LÉGIONNAIRES FORMENT DES CARRÉS ET RÉPLIQUENT. LES GERMAINS TAILLENT EN PIÈCES LA CAVALERIE GAULOISE.

Tous en carrés!

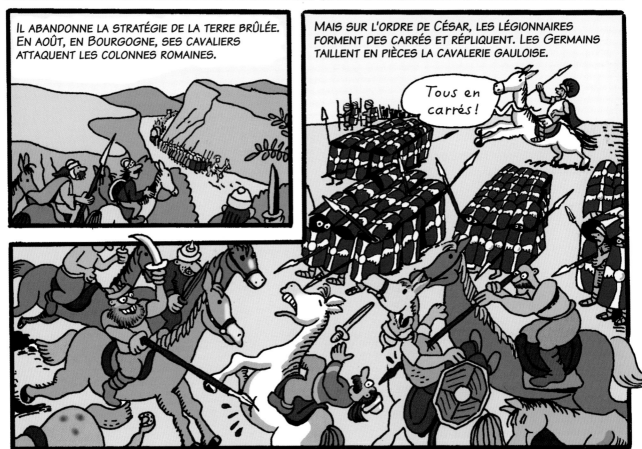

POURSUIVI PAR LES LÉGIONS, VERCINGÉTORIX DÉCIDE DE SE RÉFUGIER DANS L'OPPIDUM D'ALÉSIA EN ATTENDANT DES RENFORTS.

Vite, à Alésia !

CET OPPIDUM EST SITUÉ AU SOMMET DU MONT AUXOIS, UNE COLLINE ABRUPTE ENTOURÉE DE FALAISES ET ALIMENTÉE PAR DE NOMBREUSES SOURCES.

ALÉSIA SE TROUVE PRÈS DE L'AXE COMMERCIAL PAR OÙ TRANSITENT LES MARCHANDISES ÉCHANGÉES ENTRE LE NORD ET LE SUD DE L'EUROPE.

C'EST LA PLACE FORTE DES MANDUBIENS, UN PEUPLE ALLIÉ DES ÉDUENS.

C'est assez vaste pour abriter le gros de nos troupes.

C'est Vercingétorix !

Vercingétorix !

COMME TOUT OPPIDUM, ALÉSIA EST SOLIDEMENT DÉFENDUE PAR UN MUR GAULOIS PERCÉ DE PORTES D'ENTRÉE FORTIFIÉES. SON SITE ABRUPT REND PRESQUE IMPOSSIBLE UN ASSAUT.

Ici nous serons en sécurité.

PENDANT QUE VERCINGÉTORIX ENVOIE SES REPRÉSENTANTS DANS TOUTE LA GAULE POUR CHERCHER DES RENFORTS, CÉSAR DÉBUTE LE SIÈGE.

IL ENTREPREND DES TRAVAUX GIGANTESQUES QUI VISENT À ENCERCLER TOTALEMENT L'OPPIDUM.

Un piège!

Voilà ce que je vais construire!

TRANSFORMÉS EN TERRASSIERS, BÛCHERONS ET CHARPENTIERS, LES LÉGIONNAIRES CREUSENT DES FOSSÉS ET ÉLÈVENT DES FORTINS.

LES GAULOIS TENTENT DES SORTIES. UNE NUIT DE SEPTEMBRE, DES CAVALIERS PARVIENNENT À PASSER. LEUR MISSION : RAMENER TOUS LES RENFORTS DISPONIBLES.

UNE DOUBLE LIGNE DE FORTIFICATIONS SORT PEU À PEU DE TERRE. LA « CONTREVALLATION » LONGUE DE 15 KM EST ORIENTÉE VERS L'OPPIDUM POUR EMPÊCHER LES ASSIÉGÉS DE SORTIR. LA « CIRCONVALLATION » TOURNÉE VERS L'EXTÉRIEUR DOIT BARRER LA ROUTE AUX RENFORTS. ELLE EST LONGUE DE 21 KM.

CHAQUE LIGNE EST RENFORCÉE PAR DES TOURS ET DES FORTINS. ELLES SONT PROTÉGÉES PAR DES FOSSÉS, SOUVENT REMPLIS D'EAU ET TRUFFÉS DE PIÈGES.

Avec ça, leurs renforts ne passeront pas!

PARMI LES PIÈGES, LES CIPPES SONT DES BRANCHES POINTUES FICHÉES DANS LE SOL SUR PLUSIEURS RANGÉES. LES AIGUILLONS SONT DES CROCHETS ENTERRÉS MUNIS DE POINTES DE FER.

LES TROUS DE LOUP, PROFONDS DE 90 CM, SONT REMPLIS DE BROUSSAILLES : ILS RENFERMENT DES ÉPIEUX TRANCHANTS

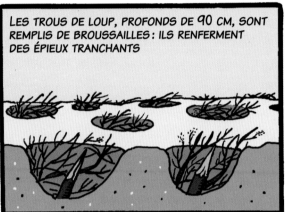

Que font-ils? Par Toutatis, on ne sortira pas facilement!

Et les vivres vont manquer...

POUR CONSTRUIRE UN TEL ENSEMBLE, LES INGÉNIEURS ROMAINS ONT TIRÉ LE MEILLEUR PARTI DU TERRAIN ET DES RESSOURCES DISPONIBLES. LA TERRE EXTRAITE DES FOSSÉS SERT À BÂTIR LES REMPARTS, L'EAU PROVENANT DES RIVIÈRES OU DES MARÉCAGES REMPLIT LES FOSSÉS, LE BOIS EST PRÉLEVÉ DANS LES FORÊTS VOISINES.

Soldats! Portez la terre de ces fossés pour consolider les remparts de la plaine des Laumes!

DÉBUT OCTOBRE, LA SITUATION DEVIENT CRITIQUE DANS L'OPPIDUM. À COURT DE VIVRES, LES ASSIÉGÉS PRENNENT UNE DÉCISION CRUELLE : EXPULSER D'ALESIA LES BOUCHES INUTILES, C'EST-À-DIRE LES VIEILLARDS, LES FEMMES ET LES ENFANTS.

APRÈS AVOIR ERRÉ PENDANT PLUSIEURS JOURS ENTRE L'OPPIDUM ET LES FORTIFICATIONS ENNEMIES, CES MALHEUREUX MEURENT DE FAIM OU SONT TUÉS PAR LES ROMAINS.

L'ARMÉE DE SECOURS ARRIVE ENFIN ! 8 000 CAVALIERS ET UNE FOULE DE SOLDATS À PIED... LA GRANDE BATAILLE EST SUR LE POINT DE S'ENGAGER.

Les voilà ! Les voilà !

CAVALIERS ET FANTASSINS GAULOIS SE JETTENT DANS LA MÊLÉE AVEC UN GRAND COURAGE. LE COMBAT EST ACHARNÉ.

MAIS LES CAVALIERS GERMAINS SONT LES PLUS FORTS. ILS METTENT EN FUITE LES CAVALIERS GAULOIS ET MASSACRENT LES SOLDATS À PIED.

LE LENDEMAIN, LES GAULOIS FABRIQUENT DU MATÉRIEL D'ASSAUT AFIN DE LANCER UNE ATTAQUE À PIED.

Il nous faut des échelles, des harpons, des passerelles, des faux !

EN PLEINE NUIT, ILS S'APPROCHENT DES FORTIFICATIONS ET POUSSENT DE CRIS TERRIFIANTS POUR PRÉVENIR LES GAULOIS DE L'OPPIDUM.

VERCINGÉTORIX FAIT SORTIR SES TROUPES. ELLES CHERCHENT À FRANCHIR LES FOSSÉS EN LES COMBLANT MAIS PRENNENT DU RETARD.

DE L'AUTRE CÔTÉ DES LIGNES ENNEMIES, LES ATTAQUANTS NE RÉUSSISSENT AUCUNE PERCÉE ET SE RETIRENT. VERCINGÉTORIX DOIT REGAGNER SA PLACE FORTE.

DÉPITÉS PAR CES ÉCHECS, LES CHEFS GAULOIS DÉBATTENT.

Vercassivellaunos, toi le cousin de Vercingétorix, nous te confions le commandement de 60 000 hommes.

Une troupe d'élite !

APRÈS UNE LONGUE MARCHE NOCTURNE ET UNE MATINÉE DE REPOS, LE CHEF GAULOIS ATTAQUE LE CAMP ROMAIN DU MONT RÉA. POUR SA PART, LA CAVALERIE GAULOISE S'APPROCHE DES FORTIFICATIONS.

Une matinée de repos ne sera pas de trop !

VERCINGÉTORIX ET SES HOMMES SORTENT DE L'OPPIDUM AVEC LEURS MACHINES D'ASSAUT.

La bataille décisive va être livrée.

LES LÉGIONNAIRES ONT DU MAL À RÉPLIQUER AUX ATTAQUES. DES BRÈCHES SONT OUVERTES DANS LES FORTIFICATIONS.

LA SITUATION DEVIENT CRITIQUE POUR CÉSAR. RIEN NE SEMBLE ARRÊTER LES GAULOIS QUI EMPORTENT TOUT SUR LEUR PASSAGE.

Bouchez les fossés !

CÉSAR ARRIVE ALORS SUR LE CHAMP DE BATAILLE. DRAPÉ DANS SON MANTEAU DE GÉNÉRAL, IL GALVANISE SES HOMMES.

Enfin notre général !

Il va nous donner du courage !

IL ORDONNE L'ENVOI DE RENFORTS ET DEMANDE À UNE PARTIE DE SA CAVALERIE DE CONTOURNER LE CHAMP DE BATAILLE PAR L'EXTÉRIEUR POUR ATTAQUER L'ENNEMI À REVERS. TERRIFIÉS QUAND ILS VOIENT LES CAVALIERS ROMAINS SURGIR DERRIÈRE EUX, LES GAULOIS S'ENFUIENT.

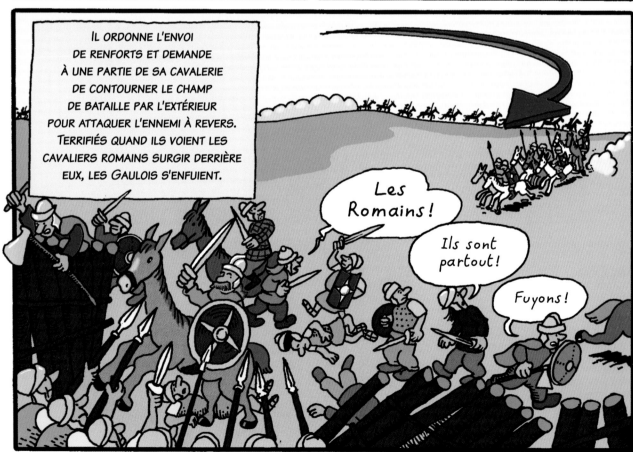

Les Romains !

Ils sont partout !

Fuyons !

FACE À CE DÉSASTRE, VERCINGÉTORIX EST IMPUISSANT. IL ORDONNE LE REPLI DE SES TROUPES.

LE LENDEMAIN, VERCINGÉTORIX DÉCIDE DE SE RENDRE. CÉSAR ACCEPTE LA REDDITION ET EXIGE QUE LES CHEFS GAULOIS LUI SOIENT LIVRÉS. LA PLUPART SONT AUSSITÔT RÉDUITS EN ESCLAVAGE.

LES ARMES SONT JETÉES AU-DESSUS DE L'OPPIDUM. LES LÉGIONNAIRES PRENNENT POSSESSION DES LIEUX, ENCHAÎNENT ET ÉVACUENT LES PRISONNIERS, DONT VERCINGÉTORIX.

VERCINGÉTORIX ET SES COMPAGNONS SONT LIVRÉS À CÉSAR. CELUI-CI REÇOIT LA SOUMISSION DES VAINCUS SELON LA TRADITION ROMAINE : ASSIS SUR SA CHAISE CURULE* INSTALLÉE SUR UNE TRIBUNE ENTRE LES LIGNES ROMAINES IMPECCABLEMENT ALIGNÉES.

* Chaise curule : ce siège en forme de pliant était, chez les Romains, un symbole du pouvoir de justice.

VERCINGÉTORIX, LE CHEF DES GAULOIS EST BEL ET BIEN VAINCU, MAIS LA GAULE N'EST PAS TOUT ENTIÈRE PACIFIÉE. L'HIVER SUIVANT, CÉSAR DOIT ENCORE BATAILLER POUR FAIRE DISPARAÎTRE QUELQUES POCHES DE RÉSISTANCE.

César, beaucoup de chefs gaulois s'agitent encore...

Eh bien, nous allons leur faire entendre raison!

IL SOUMET TOUR À TOUR LES CARNUTES, LES BITURIGES, LES BELLOVAQUES...

Et les Cadurques! Puis les Pictons et enfin les Trévires!

À UXELLODUNUM, DANS LE QUERCY, LES PRISONNIERS CADURQUES ONT LES MAINS COUPÉES POUR QU'ILS NE PUISSENT PLUS PRENDRE LES ARMES.

CÉSAR ÉCRIT ALORS LES « COMMENTAIRES DE LA GUERRE DES GAULES », SEPT LIVRES QUI RASSEMBLENT SES NOTES PRISES PENDANT LES CAMPAGNES.

Verba volant, scripta manent.*

CET OUVRAGE EST UNE SOURCE PRÉCIEUSE D'INFORMATIONS POUR LES HISTORIENS, MÊME SI CÉSAR S'Y PRÉSENTE TOUJOURS À SON AVANTAGE!

Voyons... Comment parler de ce... Vercingétorix?

CÔTÉ GAULOIS, LE BILAN DE LA GUERRE EST TRÈS LOURD: SANS DOUTE UN MILLION DE MORTS, UN MILLION DE PRISONNIERS RÉDUITS EN ESCLAVAGE ET AUTANT DE BLESSÉS. APRÈS HUIT ANNÉES DE GUERRE, LES VILLES ET LES CAMPAGNES SONT DÉVASTÉES.

* «Les paroles s'envolent, les écrits restent».

LA GAULE PERD SON INDÉPENDANCE. PENDANT 4 SIÈCLES, ELLE VA VIVRE EN PAIX À L'HEURE DE ROME. DES VILLES SONT FONDÉES, LE RÉSEAU ROUTIER AMÉNAGÉ. LES ÉCHANGES COMMERCIAUX S'INTENSIFIENT, LA LANGUE OFFICIELLE EST LE LATIN. LA « ROMANISATION » EST EN MARCHE.

Ave Aurélius!

Bonjour... euh, avé Caius!

LA CONQUÊTE DE LA GAULE EST UN ÉVÈNEMENT MAJEUR DANS L'HISTOIRE DE L'OCCIDENT. ELLE PERMET À ROME, PUISSANCE MÉDITERRANÉENNE, D'ÉTENDRE SA DOMINATION VERS LE NORD DE L'EUROPE ET LA GRANDE-BRETAGNE.

AURÉOLÉ PAR SES CONQUÊTES, CÉSAR BÉNÉFICIE D'UN IMMENSE PRESTIGE ET D'UNE GRANDE INFLUENCE. SES LÉGIONS SONT PRÊTES À LE SUIVRE AVEUGLÉMENT.

César! César! César!

GRÂCE À SON IMMENSE RICHESSE, LE PEUPLE DE ROME PROFITE DES LARGESSES PROVENANT DU BUTIN DE LA GUERRE. À ROME, L'ÉQUILIBRE FRAGILE DES POUVOIRS EST ROMPU.

Plus rien ne s'oppose à mon ascension pour mener seul les destinées de Rome!

EN CETTE FIN AOÛT DE L'AN **46** AV. J.-C., JULES CÉSAR EST AU SOMMET DE SA GLOIRE. IL DÉFILE DANS LES RUES DE ROME POUR CÉLÉBRER SES VICTOIRES EN GAULE, MAIS AUSSI EN AFRIQUE, AU SUD DE LA MER NOIRE ET EN PALESTINE.

Là! Il arrive!

César! Voilà César!

C'est la cérémonie du triomphe!

CE DÉFILÉ EST ACCORDÉ À TOUT GÉNÉRAL VICTORIEUX À DEUX CONDITIONS : QUE LE BUTIN DE GUERRE SOIT IMPORTANT ET QUE LES CONQUÊTES AUGMENTENT LE TERRITOIRE ROMAIN.

Sans conteste, César mérite un beau triomphe...

LE PARCOURS DÉBUTE AU CHAMP DE MARS, EMPRUNTE LA VOIE SACRÉE ET S'ACHÈVE AU CAPITOLE, OÙ SE TIENT UN SACRIFICE EN L'HONNEUR DE JUPITER.

Le cortège du triomphe commence par le défilé de chars de butin (casques, boucliers, colliers, bracelets, offrandes pillées dans les temples d'Égypte.)

Puis arrivent des hommes pour les noms des villes et des peuples vaincus

Ensuite viennent les sénateurs.

Ils sont suivis des chefs vaincus et des prisonniers

Le défilé se poursuit avec le char triomphal où se trouve le général vainqueur couronné de lauriers, acclamé par la foule.

ALESIA

VENI VIDI VICI

Là-bas, Vercingétorix!

À mort!

César!

César!

CÉSAR OFFRE AU PEUPLE ROMAIN DES RÉJOUISSANCES COMME ON N'EN A JAMAIS VU : DES PIÈCES DE THÉÂTRE, DES COURSES ET DES JEUX DU CIRQUE EXTRAORDINAIRES, DES SPECTACLES DE CHASSE, DES COURSES DE CHARS ET DES COMBATS DE GLADIATEURS !

POUR PLAIRE À SON PEUPLE, CÉSAR OFFRE DES BANQUETS PUBLICS QUI RÉUNISSENT JUSQU'À 200 000 PERSONNES !

Viiiiive... Hips! César!

PEU AVANT LA FIN DU TRIOMPHE DE CÉSAR, VERCINGÉTORIX EST MIS À MORT DANS LA PRISON OÙ IL A PASSÉ SIX ANS.

JULES CÉSAR LUI SURVIVRA DEUX ANS. EN 44 AV. J.-C., IL MEURT ASSASSINÉ PAR UN GROUPE DE SÉNATEURS DÉCIDÉS À BRISER SON ASCENSION EXCEPTIONNELLE.

390 av. J.-C.
Invasion et pillage de Rome par les Gaulois.

À partir de 125 av. J.-C.
Conquête du sud de la France actuelle par les Romains. Naissance de la *Provincia*.

Vers 72 av. J.-C.
Naissance de Vercingétorix, fils de Celtill.

59 av. J.-C.
Jules César, nommé proconsul, est chargé du gouvernement de la Gaule cisalpine et de la *Provincia*.

58 av. J.-C.
César envahit la Gaule avec ses légions romaines. Début de la conquête.

56 av. J.-C.
Défaite navale des Vénètes contre les Romains.

Début 52 av. J.-C.
Révolte gauloise contre l'occupant romain. Retour de César après un an d'absence.

Printemps 52 av. J.-C.
Siège de Gergovie et défaite romaine.

Juin 52 av. J.-C.
Assemblée des chefs gaulois à Bibracte.

Mi août 52 av. J.-C.
Attaque surprise des Gaulois en Bourgogne.

Fin août-octobre av. J.-C.
Siège d'Alésia et reddition de Vercingétorix.

50 av. J.-C.
Fin de la guerre des Gaules.

Août 46 av. J.-C.
Cérémonie du triomphe de César à Rome et exécution de Vercingétorix.

Mars 44 av. J.-C.
Assassinat de César.

PORTRAITS DE FAMILLE

CELTILL

Ce noble gaulois est l'un des dirigeants du peuple arverne et le père de Vercingétorix. Pensant que la présence romaine représente une menace pour la Gaule celtique, il s'oppose aux familles aristocratiques arvernes. Celles-ci le condamnent à mort et il est exécuté, laissant Vercingétorix orphelin.

VERCINGÉTORIX

Issu de l'une des plus puissantes familles du peuple arverne, il serait né vers 72 av. J.-C. à Corent. En 52 av. J.-C., il prend la tête de la révolte contre l'occupant romain. Il réussit à mettre en échec César à Gergovie, mais peu après, refugié à Alésia, il doit se rendre après un long siège. Conduit à Rome, il est mis à mort.

JULES CÉSAR

Il faut huit ans (58-50 av J.-C.) à ce général brillant et ambitieux né en 101 av J.-C. pour faire la conquête de la Gaule qui lui permet de repousser les frontières romaines jusqu'au Rhin et l'océan Atlantique. Auréolé de gloire, il s'empare du pouvoir à Rome. Mais il est assassiné en 44 av. J.-C. par une conspiration de sénateurs.

VERCASSIVELLUNOS

Aux côtés de son cousin Vercingétorix, ce noble arverne dirige la révolte gauloise en 52 av. J.-C. L'assemblée des chefs gaulois le choisit pour diriger, avec trois autres, l'armée de secours destinée à briser le siège d'Alésia. L'échec de son attaque oblige Vercingétorix à se rendre.

ARIOVISTE

Ce chef du peuple germain les Suèves tente de s'installer au nord de la Gaule à partir de 75 av. J.-C. Sous le prétexte de protéger les peuples gaulois, César entre en guerre contre lui en 58 av. J.-C. et parvient à le repousser. Arioviste s'enfuit en Germanie.

DIVICIACOS

Ce personnage appartenant au peuple éduen est le seul druide dont l'existence est attestée. Doté de grandes qualités de diplomate, il est aussi un dirigeant politique. À partir de 60 av. J.-C., il sert d'intermédiaire entre son peuple et les Romains, réclame leur aide en se rendant notamment à Rome.

Tête sculptée trouvée dans un sanctuaire celte en République tchèque. Il s'agit sans doute d'un druide (vers 200 av. J.-C.).

Les Gaulois sont-ils nos ancêtres ?

Pendant longtemps, on l'a affirmé. C'était une vérité indiscutable que l'on a inculquée sur les bancs de l'école à tous les Français, même à ceux qui habitaient l'Afrique noire !

Aujourd'hui, nous savons que **nos ancêtres sont issus d'un très grand nombre de peuples** qui se sont installés sur notre territoire au cours de l'histoire. Les Gaulois, mais aussi ceux qui les ont précédés ou suivis, les Romains, les Wisigoths, les Francs, les Huns, les Vikings, les Maures (Arabes), les Anglais, les Espagnols, les Italiens, les Polonais... et plus récemment ceux qui viennent des anciennes possessions coloniales : peuples d'Afrique, d'Asie...

Keltoï, Celtes, Gaulois...

Les Gaulois sont des Celtes installés en Gaule. Le nom de ce peuple vient du grec *Keltoï*. Il désigne les populations vivant au centre de l'Europe, au nord des Alpes, utilisant des objets quotidiens et pratiquant un art et des coutumes funéraires très proches. Mais elles n'ont jamais été unies dans un même État. Elles étaient souvent rivales et se battaient entre elles.

Casque de parade trouvé à Agris (Charente) et bouclier.

Leur foyer d'origine est situé en **Bohême** (Rép. tchèque actuelle) et dans le sud-est de l'Allemagne où l'on retrouve de nombreuses traces archéologiques remontant au VIIe siècle av. J.-C. À partir de cette région, les Celtes se lancent dans une grande expansion en Europe, dans un mouvement continu, à partir du Ve siècle av. J.-C. C'est à cette époque que leur présence en Gaule est attestée.

Quelle est la langue des Celtes ?

Il semble qu'ils parlaient des langues proches que l'on rassemble sous l'expression « langues celtiques ». Certaines ont subsisté aujourd'hui. Ce sont le breton, l'irlandais ou le gaélique parlé en Écosse.

La communication orale domine chez les Gaulois. Fêtes et banquets sont l'occasion d'échanges, de débats, de chants que partagent les villageois.

Vous parlez gaulois ?

La langue des Gaulois reste aujourd'hui largement inconnue. **Ils n'ont laissé presque aucun écrit.** En tout cas, rien dans leur propre langue. Néanmoins, un certain nombre de mots français proviennent du gaulois. On en a identifié une soixantaine et sont **en rapport avec la nature,** la terre et le bois. Citons lande, glaise, soc, charrue, arpent, lierre, bruyère, mouton, alouette, truite, billot, gouge... Le prénom Arthur viendrait du gaulois Arzo, c'est-à-dire l'ours.

Dix-neuf siècles d'oubli

Longtemps présentés comme des **Barbares** à qui fut apportée la civilisation (celle des Romains), les Gaulois sont méprisés et oubliés. Ce n'est qu'au XIXe siècle qu'ils sortent de l'ombre. Des historiens commencent à s'intéresser aux **plus anciens habitants du sol français.**

En entreprenant des fouilles, des chercheurs expérimentent une science nouvelle, l'archéologie. Vers 1860, l'empereur Napoléon III, passionné par la période historique, l'Antiquité, fait redécouvrir les Gaulois. Il finance les premières grandes fouilles sur les sites évoqués par Jules César dans ses écrits : le mont Auxois, Bibracte en Bourgogne, Gergovie en Auvergne, Uxellodunum dans le Lot.

Le site de l'oppidum de Gergovie, près de Clermont-Ferrand, domine la plaine de 400 m.

© Les Éditions Albert-René/Goscinny-Uderzo

Dolmens, menhirs et gaulois

La plus grosse approximation historique dans la BD Astérix se rapporte à ces monuments mégalithiques que les Gaulois auraient édifiés. Menhirs (pierres dressées), dolmens (tombes surmontées de tables en pierre) ou cromlechs (menhirs disposés en cercle) ont été élevés **par des populations précédant de plusieurs millénaires les Celtes.**

En dépit du métier que pratique Obélix (livreur de menhirs), ces constructions n'ont rien à voir avec les Gaulois !

Le coq gaulois

Depuis le début du XIXᵉ siècle, on présente comme l'un des emblèmes de la France un coq que l'on dit être « gaulois ». Il apparaît que les Gaulois ne l'ont jamais utilisé comme symbole. Ils préfèrent prendre comme **emblème guerrier** le **sanglier** qui surmonte souvent leurs trompettes de guerre, appelées *carnyx*. Ils voient en lui un animal capable de communiquer aux combattants sa force et sa puissance.

Des mangeurs de sangliers ?

Non, les Gaulois ne mangent pas d'ours, et rarement des sangliers comme Astérix le fait croire. La chasse est réglementée et réservée aux guerriers. **C'est l'élevage qui fournit l'essentiel de la viande :** bœuf, porc, mouton, chèvre, mais aussi le cheval et le chien.

Les femmes gauloises

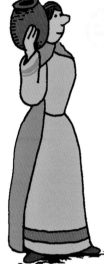

En Gaule, la femme bénéficie d'**une position sociale plus favorable qu'en Grèce ou à Rome.** Son travail dans les champs et sa participation à certains métiers comme la **poterie**, le **tissage** ou la **vannerie** (fabrication de paniers) lui donnent un rôle particulier au sein de la famille.

Surtout lorsque le mari, un guerrier, est souvent absent. À sa mort, elle n'est pas démunie. Elle récupère les biens qui ont été mis en commun au moment du mariage.

Vases en terre trouvés à Acy-Romance (Ardennes).

Sacrifices humains

Ils ont existé mais ils ne sont pratiqués qu'en temps de guerre. La plupart du temps, les Gaulois ne font pas prisonniers leurs ennemis vaincus. Ils les offrent ainsi que les armes aux dieux qui, selon eux, ont rendu possible la victoire.

Dans les **sanctuaires** découverts depuis quelques dizaines d'années, aucune trace de sacrifices humains, aucun reste d'animaux sauvages. Seulement des os de bœuf, de porc et de mouton : **trois animaux domestiques couramment sacrifiés pendant l'Antiquité.**

Les traces de plusieurs sanctuaires gaulois ont été retrouvées dans le nord et l'est de la France.

MERCI L'ARCHÉOLOGIE

Chantier d'archéologie préventive à l'occasion de travaux publics dans le Val-d'Oise.

Depuis les années 1950, les connaissances sur les Gaulois ont fait un grand bond en avant grâce au développement de nouveaux moyens et de nouvelles méthodes en archéologie.
Ainsi, il devient possible de tordre le cou à tous les clichés que l'on a colporté depuis plus d'un siècle et de faire découvrir un peuple plus conforme à la réalité historique.

L'invisible vu du ciel

À l'aide de photos prises d'avion, l'archéologie aérienne permet de rendre visibles des traces, des empreintes laissées dans le sol. Un très grand nombre de sites est ainsi révélé et montre une **occupation dense de notre territoire par les Gaulois.** Des taches plus sombres de végétation signalent, par exemple, l'existence de **fossés entourant les fermes.** Peu à peu, à la suite de nombreux survols, est dévoilé un aspect des campagnes gauloises que l'on ignorait jusqu'alors.

L'archéologie préventive

Lorsque de **grands chantiers** sur le sol français sont entrepris, on fait appel à des archéologues chargés de vérifier que les sites ne contiennent pas des vestiges ou trouvailles se rapportant à notre histoire.

Ainsi, à l'occasion de la construction d'autoroutes, de lignes TGV, de tramways, ou de parkings où des millions de mètres cubes de terre ont été retournés, on a découvert depuis une trentaine d'années un nombre considérable de **sites gaulois.**

Torque (collier) gaulois.

La dame de Vix

La tombe de cette princesse découverte en 1953 à Vix, en Bourgogne, montre par sa richesse que les Celtes sont **organisés en sociétés dominées par des princes.** Ceux-ci tirent leur puissance de guerres et d'échanges commerciaux.

Dans une chambre recouverte de pierres et de terre, reposait une femme portant des bijoux : bracelets, fibules et un magnifique collier en or. Près d'elle ont été déposés un **char funéraire** dont les quatre roues sont démontées, des **coupes** à boire et surtout un énorme **vase en bronze** de 1,60 m de haut. La plupart de ces objets proviennent des pays méditerranéens et ont du être **échangés** contre des matières premières (bois, cuir, étain).

Ce soir, on aura défriché un bon morceau de forêt !

Un œil nouveau sur les gaulois

À travers ces nouvelles connaissances que nous fournissent les sciences et les techniques actuelles, le monde gaulois apparaît infiniment **plus riche et plus complexe**. Bien différent des vieux clichés qu'il faut définitivement balayer...

Ainsi, la Gaule, peu avant la conquête romaine, n'est pas couverte de forêts impénétrables. Elle est **parsemée de fermes, de hameaux, de villages, de bourgs et de villes** qui sont reliés par un réseau de **voies empierrées et bordées de fossés**. Les campagnes sont partout **cultivées** et les champs et prairies forment un vaste quadrillage.

Les squelettes de 8 cavaliers avec leur monture

En 2002, on découvre près de Clermont-Ferrand une fosse contenant les squelettes de huit hommes alignés en deux rangées, sans armes, sans bijoux, sans enseigne. Mais, à leurs côtés, leurs montures : les squelettes de huit chevaux. Même si on a réussi à dater cette tombe (Iᵉʳ siècle av. J.-C.), **l'énigme reste entière.** Pourquoi ces guerriers ont-ils été inhumés ensemble ? À quelles pratiques funéraires cette inhumation correspond-t-elle ? On s'interroge...

Têtes coupées provenant du site d'Entremont (Bouches-du-Rhône).

Bonjour ! Je vous apporte du vin d'Italie, je repars avec quoi ?

Si tu veux de mes tissus, Romain, fais-moi goûter ton vin !

Pousse ton char, je dois livrer mon grain !

De l'or, cette monnaie ? Tu parles !

Combien cette fibule ?

Pour ta belle, vois plutôt ce torque !

Bibracte

La plus grande ville de Gaule au IIᵉ et Iᵉʳ siècle av. J.-C. se dressait au sommet du mont Beuvray en Bourgogne. Installée à 800 m d'altitude, elle était un **oppidum,** la capitale du puissant peuple éduen. Ses vestiges sont découverts à l'occasion des fouilles entre 1864 et 1918 et d'autres à partir de 1984. Elles révèlent l'existence d'un rempart massif de 7 km de longueur qui entourait la place forte où vivaient **entre 8 000 et 10 000 habitants,** un quartier d'artisans métallurgistes, un quartier résidentiel, des rues perpendiculaires ou parallèles et une vaste esplanade.

Les maîtres du bois

Maîtres du fer, les Gaulois sont aussi les **maîtres du bois.** Ils disposent de forêts où les essences d'arbres sont d'excellente qualité : chênes, châtaigniers. Des bois durs et résistants qui peuvent être taillés, façonnés avec précision. Grâce à leur maîtrise du fer, les Gaulois mettent au point des **outils** qui sont encore utilisés aujourd'hui. Il s'agit de la hache, de l'herminette, de la gouge, de la tarière, du ciseau à bois...

Malheureusement, aucune trace de leur fabrication n'est parvenue jusqu'à nous car le bois ne résiste pas au temps qui passe.

Tonneau contre amphore

On sait que les Gaulois sont les inventeurs du tonneau : un récipient en bois pratique à transporter, à rouler, précieux pour faire vieillir le vin et capable de contenir **jusqu'à 500 ou 1 000 litres.** Combien faut-il d'amphores, ces jarres en terre cuite encombrantes et fragiles pour le remplacer ? Les Gaulois emploient le mot *tonna* pour le désigner. Tonne et tonneau en sont issus.

Fabriquer une gouleyante cervoise

Avant de côtoyer les Grecs puis les Romains, les Gaulois **ne connaissent pas le vin.** Ils boivent une sorte de **bière** qui provient de la fermentation de certaines céréales. Une boisson qui offre **moins de risques que l'eau.** La plus commune est la cervoise, préparée à partir de l'épeautre. Une autre bière, le *korma,* était fabriquée avec du froment fermenté additionné de miel et parfois parfumé avec du cumin.

Autres inventions gauloises

L'inventivité des Gaulois est grande et s'étend à de nombreux domaines : **agriculture, tissage, métallurgie.** Dans cet artisanat déjà très perfectionné, ils mettent au point la cotte de mailles, l'étamage (le fait de protéger un récipient en fer par une couche d'étain) ou le forgeage de lingots de métaux. En **hygiène,** ce sont des champions ! Ils éclaircissent leurs cheveux en les lavant avec du lait de chaux pour éloigner les poux. Des cendres de bois mélangées à de la graisse animale donnent du **savon** : encore une invention gauloise !

Monnaies gauloises

L'usage de la monnaie est introduit en Gaule **grâce aux Grecs** qui y pratiquent le **commerce** mais aussi par les soldats gaulois combattant en Grèce. Ce sont alors des pièces d'or à l'effigie de Philippe de Macédoine, le père d'Alexandre le Grand, au IVe siècle av. J.-C.

Les **Arvernes** sont les premiers Gaulois à imiter ces pièces d'or en reprenant les modèles grecs comme la tête du dieu grec Apollon. Puis, d'autres peuples les adoptent. À partir du IIe siècle, les monnaies gauloises sont fabriquées en or, en argent, en bronze et en potin (mélange de bronze et d'étain coulé dans un moule).

Quatre exemples de monnaies (Arvernes, Éduens, Allobroges).

La « leuga »

Les Gaulois calculent leurs distances en *leuga* qui représente 2 222 mètres, soit **2,2 km.** En dépit de l'unité de distance imposée par les Romains, le mille (1482 mètres), lorsqu'ils s'installent en Gaule, le s habitants gardent l'habitude de compter en *leuga*.

Il semble qu'elle serait à l'origine de la **lieue,** une mesure de 4 km environ, utilisée jusqu'à la Révolution française de 1789.

Calendrier gaulois

Calculé sur les **cycles de la lune et du soleil,** il comprend **douze mois divisés en deux groupes : la saison des cultures et la saison morte.** Les druides le fixent chaque année et déterminent les jours fastes (favorables) et néfastes (défavorables). On a retrouvé à Coligny, dans l'Ain, un calendrier gravé sur une plaque de bronze datant du IIe siècle après J.C. On peut y lire, par exemple, SAMON (1er mois de l'année), DUMAN (2e) ou CANTLOS (12e mois).

À la pleine lune de mai, les druides célèbrent la fête de Beltaine qui annonce la venue de l'été.

Excellents charpentiers, les Gaulois construisent des barques parfaitement adaptées au transport fluvial.

ALÉSIA

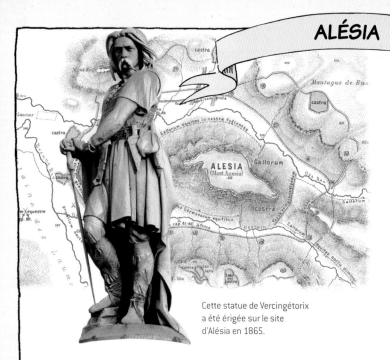

Cette statue de Vercingétorix a été érigée sur le site d'Alésia en 1865.

Alésia, c'est où ?

Pendant des années, les historiens et archéologues ont débattu sur la question de la localisation du site d'Alésia. Aujourd'hui, l'affaire semble entendue. Le siège d'Alésia se trouve à **Alise-Sainte-Reine,** en Côte-d'Or, dans la région de la **Bourgogne.**

Il est vrai que les auteurs latins, César en premier, brouillent les pistes. La traduction et l'interprétation de leurs textes égarent quelque peu les chercheurs. Mais la découverte en 1839 d'une inscription en langue gauloise mentionnant *Alisiia* retrouvée près d'Alise-Sainte-Reine relance cette piste.

Il revient à **Napoléon III** d'avoir entrepris sur ce site des fouilles de grande ampleur, avec les moyens de l'époque. Elles permettent de retrouver le tracé des **lignes de fortifications** et de collecter de **nombreux objets** datant de la guerre des Gaules.

Dans les années 1960, des campagnes de **photographies aériennes** apportent de nouvelles preuves. Puis, les explorations menées par des équipes scientifiques franco-allemandes entre 1991 et 1997 ne laissent aucun doute possible. Alésia, l'oppidum des Mandubiens sur le mont Auxois, est bien Alise-Sainte-Reine.

Ce que révèle le site d'Alésia

D'abord les **deux lignes romaines,** l'une tournée vers l'oppidum, l'autre vers l'extérieur. Elles sont jalonnées de traces de **camps** et de **fortins** implantés sur les croupes ou les pentes des collines qui entourent la plaine. L'emplacement du camp de César a été localisé sur la montagne de Flavigny, là où se trouvent les meilleures conditions de visibilité sur le vaste champ de bataille.

Les fouilles ont permis d'identifier une foule innombrable d'objets : les **pièges** (3 types), et surtout les armes. Dans le sol d'Alésia a été découvert **le plus important arsenal d'armes de l'Antiquité romaine :** fragments de casques, de boucliers, d'épées, de glaives, de poignards, des pointes de flèches, des boulets de pierre, des balles de fronde et même des clous de chaussures romaines ! Et enfin des **monnaies romaines** et d'autres portant le nom de Vercingétorix.

Pourquoi Vercingétorix s'est-il laissé enfermer à Alésia ?

Vercingétorix jette ses armes devant César. Tableau de L. Royer (1888).

On a longtemps cru que le chef gaulois avait fait cette erreur. Or, il apparaît qu'il s'agit d'une stratégie appliquée délibérément. Il s'agissait de **fixer les Romains et d'attendre** dans un oppidum imprenable **l'armée de secours.**

Alésia se prête à la manœuvre. Impossible de prendre la place forte d'assaut. Elle est vaste et peut abriter l'armée gauloise. Si les lignes romaines avaient cédé, les Gaulois auraient pu s'abattre sur les légions coincées entre les deux feux. Or, **les Romains renversent in extremis la situation.** Ils sont les **vainqueurs.**

INCOLLABLE EN HISTOIRE ?

7 erreurs, absurdités ou anachronismes ont été volontairement glissés dans ce dessin. Sauras-tu les retrouver ?

RÉPONSES (de haut en bas de l'image) : **1.** Le village en feu ne doit pas comporter d'église. **2.** Les canons n'existent pas au temps des Gaulois. **3.** Les jumelles sont inconnues. **4.** Le cavalier à droite porte un casque prussien du xixe siècle. **5.** Le cavalier qui tombe porte une montre au poignet. **6.** Le drapeau français n'apparaît qu'au xviiie siècle. **7.** Les étriers sont inconnus au temps des Gaulois.

Où retrouver les Gaulois ?

Statuette dite le « dieu d'Euffigniex », conservée au musée de St-Germain-en-Laye.

Reconstitution des doubles fortifications romaines au MuséoParc d'Alésia (Côte-d'Or).

Il existe aujourd'hui en France une foule de sites gaulois qui ont été sortis de l'oubli. Les découvertes qui y ont été faites sont présentées au public et replacées dans leur contexte d'origine, souvent à grand renfort de diorama, maquettes, bornes multimédia et reconstitutions.

Ainsi au **mont Beuvray (Bibracte),** en Bourgogne, se trouve le centre archéologique européen où des équipes de chercheurs venant de l'Europe entière se relaient. Outre le site naturel et ses vestiges qu'il est possible d'arpenter, un musée consacré à la civilisation celtique accueille les visiteurs.

MuséoParc Alésia offre sur le site de la célèbre bataille un centre d'interprétation où des espaces scénographiés proposent une découverte dynamique et interactive du siège d'Alésia. En attendant 2016 où un musée archéologique sera ouvert au public.

L'oppidum d'Entremont au nord d'Aix-en-Provence atteste de la présence des Gaulois en Provence à travers de nombreux vestiges présentés et commentés.

Près de Montpellier, en Languedoc, c'est à **Lattes** que des archéologues ont exhumé les traces laissées par des Gaulois installés sur la route stratégique reliant l'Espagne à la Gaule narbonnaise.

Dans les Ardennes, **les Rèmes à Acy-Romance** livrent sur ce site fondé en 180 av. J.-C. une partie de leurs secrets : vie quotidienne, artisanat, croyances.

Le musée des Antiquités nationales au château de Saint-Germain-en-Laye présente une importante collection d'objets de la Gaule avant la conquête romaine et de la période gallo-romaine.

Musée gallo-romain de Lyon-Fourvière Ancienne « capitale des Gaules », la métropole lyonnaise abrite plusieurs musées gallo-romains et des sites archéologiques comme le théâtre et l'odéon.

Statuette de guerrier en bronze, conservée au musée de St-Germain-en-Laye.

Char processionnel découvert à la Côte-Saint-André (Isère).

NOS NOMS DE VILLES OU DE RÉGIONS

Les noms des peuples de Gaule subsistent encore aujourd'hui à travers les noms des villes ou des régions. Paris vient des Parisii, Amiens le doit aux Ambiens, Reims aux Rèmes, Nantes aux Namnètes, Sens aux Senones, Tours aux Turones, Limoges aux Lemovices. L'Auvergne doit son nom aux Arvernes, le Berry aux Bituriges, le pays de Caux aux Calètes...